W0306883

Für Vincent, Hanna und Michi
– Veronika

Für Levi, Adam und Hannes
– Marie

Veronika Wiggert · Marie Geissler

Fußballsommer

TULIPAN VERLAG

Der Elfmeter

„Hier, pass zu mir!“ Lukas hebt seinen rechten Arm und winkt.
Tobi überlegt kurz, dann kickt er den Fußball zu seinem Mitspieler. Doch Samuel hat mit dem Abspiel gerechnet

und geht schnell dazwischen. Er schnappt sich den Ball und haut die Kugel ins Tor.
1:0 für die Gegner.
„Mensch, Alter, was war das denn?!“, schimpft Lukas.
Beschämt blickt Tobi zu Boden.

Als kurz darauf das gegnerische Team den zweiten Treffer erzielt, wird Tobi von seinen Mitspielern ins Tor geschickt.

„Vielleicht kannst du das ja besser“, raunt ihm Lukas genervt zu.

Als Torwart eignet sich Tobi aber noch weniger. Fünf Minuten später steht es 3:0 für die anderen.

Dann fällt das vierte Tor. Dieses Mal für Tobis Mannschaft. Dank Lukas, dem Super-Stürmer. Doch als dieser in der zweiten Halbzeit mit seiner Hand den Ball berührt, ist Tobi wieder gefragt. Es gibt Elfmeter. Samuel soll schießen.
Tobi macht sich extra breit im Tor. Seine Hände schwitzen. Jetzt bloß nicht versagen!
Samuel nimmt Anlauf und kickt den Ball mit voller Wucht in das linke untere Eck. Peng!
Der Ball ist drin. Tobi ist leider zur falschen Seite des Tors gehechtet.

„Juhu!“, jubelt Samuel und reißt die Arme hoch. Stolz schaut er zu Lukas und Tobi.
„Was für eine Lusche bist du denn?!“, schnauzt Lukas Tobi an. „Den hätte sogar meine kleine Schwester gehalten.“
Am liebsten würde Tobi in ein ganz tiefes Loch versinken.

Am Ende gewinnt Samuels Mannschaft mit 5:1. „Geh lieber nach Hause“, sagt dieser spöttisch, „und spiel mit deinen Kuscheltieren Fußball, vielleicht gewinnst du ja dann.“ Wortlos schnappt sich Tobi seinen Rucksack und rollert davon. Bloß weg von hier!

Endlich Sommerferien

Das war letzten Freitag gewesen. Doch jetzt sind zum Glück erst einmal Sommerferien. Fröhlich springt Tobi aus seinem Bett.

Sechs Wochen Ruhe vor Lukas und Samuel. Pfeifend läuft Tobi in die Küche. Mama und Papa sitzen bereits am Frühstückstisch. „Guten Morgen, mein Spatz“, begrüßt ihn seine Mutter mit einem Lächeln. „Du hast ja richtig gute Laune heute Morgen.“

Tobi nimmt sich ein Brot und schmiert dick und fett Butter darauf. Dann noch ein großer Löffel Kirschmarmelade – hmmmm, lecker!
„Wenn man nicht in die Schule muss“, antwortet Tobi mit vollem Mund, „ist die Welt in Ordnung.“
Mama und Papa lachen.
„Tja, aber leider hat es nicht jeder so gut“, seufzt Papa. „Ich muss jetzt ins Büro.“

Er steht auf und gibt Tobi einen Kuss auf die Stirn. „Wir sehen uns heute Abend, Großer! Hab einen schönen Tag!“
„Du auch“, antwortet Tobi.
Als Papa zur Tür heraus ist, schaut Mama ganz traurig und sagt: „Tut mir leid, Tobi, dass wir uns dieses Jahr keinen Urlaub leisten können. Wir haben sehr viel Geld in die Renovierung des Hauses gesteckt.“
Sie streicht Tobi über die blonden Locken.

„Nächstes Jahr wieder. Versprochen."
„Kein Problem, Mama. Karl ist ja auch noch da." Doch da fällt Tobi ein, dass sein Freund Karl zu seiner Oma an die Nordsee gefahren ist. Mist.
Und Ella ist auch weg – zumindest die ersten drei Ferienwochen.

Tobi nimmt noch einen Bissen von seinem Brot, von dem inzwischen die ganze Marmelade auf den Tisch getropft ist. Was soll er nur ohne seine Freunde machen?

„Ach egal“, murmelt er dann. „Ich mach es mir auch ohne die beiden schön.“
Tobi stopft sich das letzte Stück Brot in den Mund und trinkt seinen Kakao in einem Schluck aus.
„Ich gehe mal ein bisschen raus“, sagt Tobi.
Mama stellt gerade das schmutzige Geschirr in die Spülmaschine.

„Ist gut. Sei aber bitte zum Mittagessen wieder zurück!“
Heute will Tobi erst einmal zum Skaterpark. Ferien sind schließlich Ferien und die kann man auch wunderbar allein verbringen.

Wuschelkopp

Eine Woche ist Tobi nun schon alleine unterwegs. Papa ist unter der Woche bei der Arbeit und Mama sitzt in ihrem Büro unterm Dach.

„Ich muss das noch dringend für einen Kunden fertig machen. Danach unternehmen wir was Schönes. Einverstanden?“, sagt sie und pustet sich eine Haarsträhne aus dem Gesicht.

„Wie wär’s mit Zoo? Ich hab das neue Gorilla-
baby noch gar nicht gesehen.“
„Stimmt!“ Mama lächelt. „Das ist eine tolle
Idee, Tobi. Das machen wir.“
Mama dreht sich wieder zu ihrem Computer
und haut in die Tasten.
Tobi geht nach draußen.

Was könnte er so lange machen? Schon wieder zum Skaterpark? Langsam wird es da ganz schön langweilig. Viele Kinder sind schon mit ihren Eltern in den Süden zum Campen gefahren oder sonst wohin geflogen.

Er hätte Lust eine Runde zu kicken, aber zum Bolzplatz zu gehen, traut sich Tobi noch nicht. Nicht nach der Blamage vor den Ferien.

Da fällt ihm die Wiese hinter dem Rathaus ein, auf der zwei große Eichen stehen. Die geben ein wunderbares Tor ab. Schnell rennt er noch einmal nach drinnen und holt seinen Ball.

Auf der Wiese übt Tobi harte Torschüsse und versucht sich im Dribbeln.
Plötzlich hört er eine helle Mädchenstimme hinter sich: „He, Wuschelkopp! Du bist doch der, der letztens beim Elfmeter geschlafen hat?!“
Erschrocken dreht sich Tobi um.
Hinter ihm steht LEXY.

Sie geht auf Tobis Schule. Nach den Ferien kommt sie schon in die vierte Klasse. Außerdem ist sie die Chefin auf dem Bolzplatz. Alle Jungs – auch Lukas und Samuel – haben riesigen Respekt vor ihr!
Sie ist gerade mal so groß wie Tobi und hat jede Menge Sommersprossen im Gesicht.

„Eine Frage: Was soll denn das werden, was du da machst?“ Sie grinst Tobi frech an.
„Was wohl“, brummt der. „Ich kicke.“
„Nimm’s mir nicht krumm, aber das erkennt man nur mit ganz viel Fantasie“, antwortet Lexy kichernd.
Na, das hat Tobi jetzt gerade noch gefehlt …

Die Abmachung

„Wenn du magst, trainiere ich dich“, schießt es aus Lexy heraus. Tobi schaut sie verblüfft an.
„Na ja, du hast mir ein bisschen leidgetan, als Lukas und Samuel vor den Ferien so gemein zu dir waren“, erklärt Lexy.
„Hast du das Spiel etwa auch gesehen?“, fragt Tobi.

„Na klar!“, antwortet Lexy. „Ich bin fast jeden Tag am Bolzi. Lukas und Samuel sind voll die Angeber.“
Lexy geht einen Schritt auf Tobi zu und streckt ihm die Hand hin. „Also, abgemacht? Ich trainiere dich und dann zeigst du's denen!“
Tobi zögert kurz. Schließlich schlägt er ein.

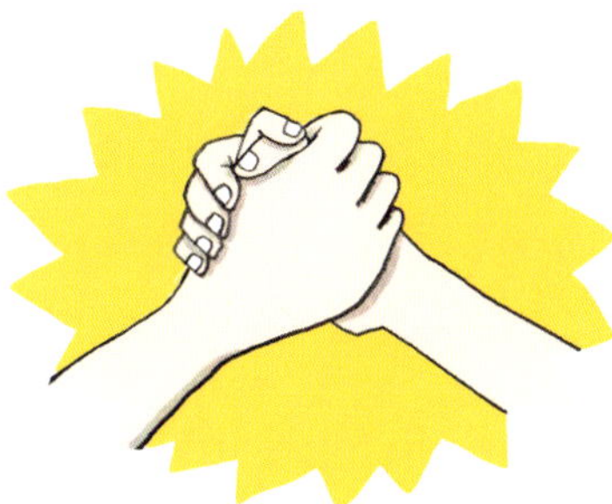

Lexy will gleich mit dem Training loslegen. „Na, dann zeig mal, was du so draufhast!“
Tobi holt sich seinen Ball. Er nimmt kurz Anlauf und dribbelt nach vorn zu den zwei Eichen, die als Tor dienen. Lexy läuft auf Tobi zu und will ihm den Ball abjagen.

Er versucht auszuweichen und zieht den Ball mit seinem rechten Fuß zur Seite. Dabei stolpert er.
Sofort schnappt sich Lexy den Ball und läuft an Tobi vorbei. Tobi bleibt staunend stehen. Leichtfüßig schiebt Lexy den Ball von rechts nach links. Und zurück. Mit kleinen Drehungen rollt sie ihn an ihren Füßen vorbei.
‚Wahnsinn', denkt Tobi. ‚Wie macht sie das nur? Sie tanzt ja mehr, als Fußball zu spielen.'
„Keine Sorge, Wuschelkopp!", ruft Lexy und bleibt stehen. „Das kriegst du auch bald hin." Sie nimmt den Ball unter den Arm und läuft zu ihm.
Tobi schaut sie nicht an. Er schämt sich.
„Und jetzt zeig mal, wie du schießt!", befiehlt sie.

Lexy setzt den Ball elf Schritte vor dem Tor ab. Dann stellt sie sich zwischen die beiden Eichen und geht leicht in die Knie.
„Bin bereit!“ Sie hebt die Hände und wartet.
Tobi nimmt Anlauf. Er versucht, den Ball so hart wie möglich zu treffen.
Doch leider wird nur ein lascher Schuss daraus.

Lexy fängt den Ball locker mit beiden Händen.
„Ich sehe schon“, sagt sie grinsend. „Wir haben noch viel Arbeit vor uns!“

Harte Schüsse

Von nun an trainieren die beiden jeden Tag. Lexy meint es ernst. Sie übt mit Tobi harte Schüsse, einfaches Dribbeln und natürlich Tunneln.
„Wenn du es schaffst, den Ball direkt zwischen die Beine deines Gegners zu schießen – perfekt!“, erklärt sie ihm.

Sofort macht sie es vor.
Mit der Innenseite ihres rechten Fußes schiebt sie den Ball zuerst nach links. Als Tobi ihr den Ball wegnehmen will, hält Lexy ihn mit ihrer Fußspitze an und schießt blitzschnell durch Tobis Beine. „Cool“, sagt er anerkennend. „Aber ob ich das schaffe?“ Er schüttelt den Kopf. Niemals.

„Mensch, Wuschelkopp!“, ruft Lexy. „Jetzt glaub halt mal an dich!“ Siegessicher steht sie da. An ihren braun gebrannten Knien kleben Grashalme. Auch ihr weißes Trikot hat grüne Flecken abbekommen. Doch Lexy stört das kein bisschen.
„Woher kannst du eigentlich so gut Fußball spielen?“, will Tobi wissen.
„Ich habe zwei ältere Brüder“, erwidert Lexy. „Und die haben mich immer mit zum Bolzplatz geschleppt.“ Sie grinst vielsagend.

Tobi grinst zurück und antwortet schnell:
„Verstehe."
„Aber natürlich muss man auch Talent haben", fügt Lexy grinsend hinzu und klingt fast ein bisschen angeberisch. Doch Tobi weiß, dass sie nur Spaß macht.
„Na, komm!", sagt sie jetzt und stellt sich wieder zwischen die Eichen. „Lass uns noch ein paar Elfmeterschüsse üben."

Tobi nimmt Anlauf und rennt los. Der Ball fliegt nach rechts oben und kracht gegen einen Ast hinter Lexy.
„Super!“, jubelt Lexy und strahlt ihn an.
„Eins muss man dir lassen, Wuschelkopp. Deine Schüsse sind mittlerweile knallhart. Nach den Ferien organisiere ich ein Fußballturnier für dich.“
Tobi spürt, wie er rot wird – doch dieses Mal nicht aus Scham!

Das große Spiel

Lexy hält ihr Versprechen.
„Ich habe dafür gesorgt, dass Lukas und Samuel nicht in deiner Mannschaft sind“, weiht sie Tobi kurz vor Spielbeginn ein.
Tobi spürt, wie seine Knie weich werden.

Doch dann muss er daran denken, wie Lukas und Samuel ihn vor den Ferien ausgelacht haben. Sein Kampfgeist kehrt zurück.
Mit einem lauten Pfiff aus der Trillerpfeife eröffnet Lexy als Schiedsrichterin das Spiel.

Sofort schnappt sich Tobi den Ball.
Er will ihn zu seinem Mitspieler Karim passen.
Doch der wird von Lukas gedeckt.
Da hat Tobi eine andere Idee. Schnell dribbelt er den Ball nach vorne Richtung Tor.
Samuel ist sofort bei ihm.
Flink schiebt Tobi den Ball nach links und tunnelt ihn dann durch die Beine des verdutzten Samuel.
Karim rennt Lukas davon, nimmt den Ball an und schießt.

Peng! 1:0 für Tobis Mannschaft.
„Hurra!“, schreit Tobi und klatscht mit seinem Teamkollegen ab.
Samuel und Lukas ziehen lange Gesichter.
Jetzt werden sie aggressiver und versuchen, mit Fouls den Ball zu erobern.
Doch Tobi lässt sich nicht aus der Ruhe bringen. Er dreht und wendet sich. Gibt blitzschnell die Bälle an seine Mitspieler ab.
Die Gegner haben keine Chance.

Als Lukas auch noch knapp am Tor vorbeischießt, ruft Tobi grinsend: „Na, das hätte sogar meine Oma besser geschossen.“ Lukas funkelt ihn wütend an. Inzwischen steht es 3:1 für Tobis Mannschaft.
Kurz vor Ende der zweiten Halbzeit passiert dann das Unglaubliche. Nach einer fiesen Grätsche von Lukas erhält Tobis Mannschaft einen Freistoß, den Tobi ausführen soll. Es sind nur noch wenige Minuten zu spielen.

Die Gegnermannschaft bildet eine Mauer und Tobi legt sich den Ball zurecht. Langsam geht er sechs Schritte rückwärts, visiert die rechte obere Torecke an und schießt. Der Ball macht einen Bogen und schlägt mit voller Wucht ein.
Ein Traumtor!
Tobis Teamkollegen jubeln!
„Klasse!“, ruft auch Lexy und pfeift ab.

Sie läuft zu Tobi und klopft ihm anerkennend auf die Schulter.
„Das war ein geniales Freistoßtor, Tobi!"
Verblüfft schaut Tobi sie an. Es ist das erste Mal, dass sie ihn bei seinem Namen nennt.
Samuel und Lukas stehen abseits und machen enttäuschte Gesichter. Ärgerlich tritt Lukas gegen den Torpfosten.
Tobi geht zu den beiden hin und reicht ihnen die Hand. „So, und jetzt sind wir quitt. Okay?"

Die beiden schauen Tobi an, als wäre er ein Außerirdischer.
„Okay“, sagt Samuel schließlich und gibt Lukas einen Stups.
„Okay, okay! Quitt“, erwidert Lukas zähneknirschend. Dann grinst er. „Und das nächste Mal spielst du in unserer Mannschaft. Abgemacht?!“
„Abgemacht!“, antwortet Tobi und klatscht mit Lukas ab.

Veronika Wiggert verdankt die Idee zu „Fußballsommer" ihrem Sohn, der fast jeden Nachmittag auf dem Bolzplatz verbringt. Nach ihrem Abschluss zur Diplom-Übersetzerin war sie zunächst als Journalistin tätig. Inzwischen schreibt sie auch Geschichten und Bücher für Kinder. Veronika Wiggert lebt mit ihrer Familie in München.

Marie Geissler lebt als freie Illustratorin mit drei begeisterten Fussballjungs unter einem Dach. Wenn sie nicht gerade zeichnet, ist die Wahrscheinlichkeit hoch, sie am Rand eines Kreuzberger Fussballplatzes zu finden. Sie studierte Visuelle Kommunikation mit Schwerpunkt Illustration in Weimar und in Valencia.

Besucht uns auf Facebook und Instagram!

TULIPAN-Newsletter
Tolle Lesetipps kostenlos per E-Mail!
www.tulipan-verlag.de

© Tulipan Verlag GmbH, München 2021
Alle Rechte vorbehalten
1. Auflage 2021
Text: Veronika Wiggert
Bilder: Marie Geissler
Druck: Grafisches Centrum Cuno GmbH & Co. KG, Calbe
ISBN 978-3-86429-513-3

TULIPAN ABC – Literatur für Erstleser

„Ungewöhnlich und literarisch anspruchsvoll – so präsentiert sich das Erstleseprogramm des Tulipan Verlags.“
spielen und lernen

Lesestufe A ab 6 Jahren

Lesestufe B ab 7 Jahren

Lesestufe B ab 7 Jahren